PAROXISMO

Andrea G. Dones

Paroxismo

A todos aquellos que me han
servido de inspiración en mi
vida, en lo bueno y en lo malo,
pues sin ellos nunca hubiera
podido escribir este libro.

FAMILIA

Amanecer

"Sólo se vive una vez",

me han dicho hoy,

y hoy mis lágrimas me han hecho sentir

el desasosiego desconcertante de no saber

qué estoy haciendo con mi vida.

Hoy también me han gritado al oído

los silencios de un adiós.

Ya no un adiós como a un hermano,

que se desprende de tu vida

llevándose parte de ti

y por completo tu esperanza,

sino un adiós a mí misma,

a esa niña que habitaba en las profundidades

de una mente cautiva y algo peculiar.

Un adiós

que me hace crecer a un ritmo

que no me corresponde.

Es un conjunto de despedidas

que me van separando en mil pedazos,

cada cual más roído y estrecho,

cada cual más tirante y seco.

Y son mis ojos

los que mantienen sus manos alzadas

hacia el rojo cielo impasible,

los que ven derramar la sangre divina

de un firmamento estrellado

que se desgarra en el infinito estallido de luz

al nacer el día.

Son mis ojos los que dicen adiós,

porque no pueden seguir abiertos.

Este es mi último Amanecer.

Progenitores

Id. Volad.

Desapareced de mi vida.

Ya no os quiero conmigo,

porque ya nada queda

de aquel cálido abrazo

que me protegía de

toda amenaza.

Ahora sois vosotros el peligro.

Sois vosotros

los que me quiebran el alma.

Id. Volad.

Desapareced para siempre.

Ya no quiero saber

nada de vosotros.

Quiero sentiros lejos,

como se siente

el pájaro infeliz

que ha caído

tan pronto del nido.

No quiero veros más.

No quiero seguir

amortiguando mis oídos

con unas manos ennegrecidas

por odio y la rabia.

No. Marchaos de una vez.

Desvaneceos en el aire, os digo.

Dejad que continúe

por fin mi camino,

dejadme vivir la vida

que grito a grito,

llanto a llanto,

me habéis arrebatado.

Demonio

Cuéntame, demonio,

Por qué retuerces mis entrañas

con tus garras venenosas.

Cuéntame por qué surcas mi miedo

con profana agilidad.

Cuéntame cómo son los palacios

de cristal en los que habitas,

y cómo es contemplar un mundo

consumido por la soledad.

Cuéntame, demonio,

por qué ahora me devuelves

los recuerdos ya olvidados.

Cuéntame por qué

no me dejas respirar.

Sola y perdida,

he aprendido a no llorar

frente a sus rostros.

Cuéntame, demonio,

por qué olvidé cómo soñar.

Adiós

Adiós al hombre frío que solías ser,

pues ya no queda en ti nada de hombre.

Adiós al pasado de desidia,

adiós a las promesas rotas.

Adiós a las mentiras, a las ambigüedades.

Adiós a los recuerdos no tan felices

que aún intentaba proteger.

Adiós al único abrazo que me diste.

Adiós a todo intento de esperanza

por defender lo indefendible.

Adiós a aquellos días

donde el amor ya lo comprabas.

Adiós a aquellas lágrimas

que tan pronto fluyeron

cuando frágil contemplaba

la miseria de mi infancia.

Adiós al fantasma inexistente

del cariño y de la fe.

Adiós a las palabras.

Adiós a la rabia contenida

y a la incertidumbre del por qué.

Adiós a los recuerdos

que nunca más tendré.

Adiós a la agonía de vivir

en un vaivén de locuras y tensión.

Adiós a aquel consuelo

que nunca recibí.

A ti, te digo adiós,

cuando ya no queda nada por decir.

¿En qué te has convertido?

Ya no te reconozco.

A ti, cuando ya no sé cómo llamarte

te necesito decir: adiós, padre.

Rabia contenida

Aún lloro muchas noches

recordando el daño que me hiciste.

Nunca fuimos suficientes para ti.

Tú tenías otras ambiciones.

No puedo recordar tus ojos

porque ahora sólo queda

un infinito vacío verdoso.

Gélido, desalmado.

No puedo sostenerte la mirada

porque me avergüenza ser tu hija.

Porque me da miedo y rabia

pensar en todo lo que has hecho.

Porque no puedo imaginar

cómo un ser tan racional

ha podido caer tan bajo

por pasiones denigrantes.

[···]

EROS

Me encantas

Me encantas, todo tú.

Sigo anhelando cruzarme contigo

y sentir tu presencia;

embriagarme de esa esencia tuya

que tanta locura

ha desencadenado ya en mi alma.

Daría lo que fuera por sentir

tu mirada posada en mí,

por mirarte y sentir contigo

la inocencia más pura

de la esperanza y el calor.

Tenerte, aunque fuera un instante

para decirte te quiero,

me daría la vida.

¿Es posible enamorarse de quien te está vedado?

Quizá sean los amores más intensos, los prohibidos.

Quizá los más idealizados.

He sido elegida como blanco

para un Cupido que, en su delirio,

ha dilapidado todas sus flechas sobre mí.

Me gustaría poder mirarte

sin ocultarle al mundo lo que siento.

Suspiro entre sueño y vigilia,

sin poder calmar mi ansia.

Te anhelo.

Te busco como si no hubiera mañana,

como si no hubiera un nuevo despertar

si no es contigo al lado.

Te amo.

Quiero coger tu mano y abrirte mi alma.

Mi corazón no arde, mas sí se marchita,

y es que estoy condenada a ser la espía de tus sueños,

la ladrona de tu aroma.

Si mis brazos pudieran retenerte un sólo instante,

si pudieran, un momento,

fundirte conmigo en armonía perfecta...

Una cálida lágrima lame mi rostro

con deliberada lentitud en estos instantes.

Saber que estás tan cerca, y a su vez tan distante...

Me matas.

Me ahogas, me quemas,

me asfixias, me quiebras.

Te amo.

Una vez más, te amo y te anhelo;

Soy un muro de gélido hielo que agoniza

con el contacto de tu llama.

Me deshago lentamente

hasta no ser más que escurridizas sombras

de lo que un día fui.

Ámame también por un instante

aunque sea mentira.

Ámame y engáñame,

pues no hay mayor tortura

que negarme el privilegio de tu tacto.

Sueño con sentir

tu respiración cálida y pausada

envolviendo mi pálido cuello.

Sueño con tus manos

dirigiendo mi cuerpo inexperto,

con tus labios besando mis labios.

Te echo de menos.

Quizá por mi delirio,

quizá por no tenerte.

¿Se puede echar en falta

lo que nunca se tuvo?

Me encantas – II

Me encantas, todo tú.

Cada detalle de tu ser me cautiva.

Tus ojos profundos me enamoran.

Tu sonrisa me embelesa.

Tu cadencioso caminar me encandila.

Tu cálida y suave voz me acaricia.

Tu esencia me seduce.

Una sola mirada tuya,

una única sonrisa

bastarían para hacer de mí

la persona más feliz del mundo.

Un abrazo, un susurro,

una caricia íntima

conseguirían arrancar en mí

ese fuego ya olvidado

llamado ilusión.

[···]

Echar a volar

Ya no sé cómo hacer para no esquivarte la mirada,

para no temblar si te tengo cerca,

para no pensar que ya no estás.

Ya no sé vivir contigo ni sin ti,

no sé recordar sin tu recuerdo,

no sé soñar si no es contigo.

Ojalá las alas de mi piel me permitieran volar.

Tan sólo tinta y sueño,

misterio y dolor.

Eso eres tú en estos momentos,

y eso ha quedado por siempre

tatuado en mi cuerpo.

Déjame soñar,

déjame rozar tu alma

en mi vuelo nocturno.

Déjame sentir tu esencia

y la agonía de su belleza.

Déjame echar a volar.

El Tiempo…

El tiempo pasa demasiado despacio.

Suena mi despertador a propósito diez minutos antes

de que tú cumplas puntual en el trabajo,

porque sé que entonces hablaré contigo,

y aunque no tengas nada que decirme,

habrá merecido la pena haber perdido las horas de sueño.

Nada hay lo suficientemente fuerte

como para levantarme de mi asiento

e interrumpir nuestras conversaciones eternas.

Ni tampoco hay nada

capaz de retenerme e impedirme verte.

Salir corriendo en dirección opuesta

para ir en tu busca,

eso es lo que me pide cada milímetro de mi ser.

Volar hacia ti,

y socorrerte de esta espiral

de confusión y sufrimiento

que amenaza con rozarte.

No quiero ningún mal para ti,

ni que llores si no es de alegría.

Ya no soy capaz de conciliar el sueño

si no es contigo a mi lado,

sin tu calor, sin tu tacto sublime

que hace vibrar todo mi cuerpo.

Sin tu sonrisa al despertar,

ni el amanecer de tus ojos.

Tu felicidad me da la vida,

y yo ya no sé vivir sin ti.

Pureza

Parece que se escribiera mi destino

cuando tus ojos se cruzaron con los míos

por vez primera.

Inevitable, sucedió de nuevo

aquello que me mata y me da vida.

Caí, caí de nuevo en las redes

de la prohibida seducción.

Sin darme cuenta,

emergiste de entre la multitud

para hacer desvanecerse a otros

que un día fueron como tú.

Pero tú, solo tú,

tienes ese algo único,

esa esencia que nunca antes vi en nadie.

Intenté negarlo: demasiado evidente,

demasiado perfecto para poder aceptarlo.

Pero hoy, mientras el arte afloraba

del aliento que escapaba de tu boca,

tuve que abrir los ojos.

Los abrí, y se deleitaron

con la imagen de un hombre

que se había transformado en niño.

Un niño que sufría, que reía,

que jugaba con las notas

como mariposas que revolotearan

a su alrededor.

Porque vi el miedo divertido y nervioso

del artista que le muestra al mundo su talento.

Y no podía dejar de ver a ese niño feliz,

enamorado.

Me di cuenta de cuánto me gustaría ser música.

Volar libre, llegar a ti, emocionarte.

Me fascina tu delirio.

Todo tu ser me maravilla.

Ya no puedo pensar en ti sin asombrarme.

Me paralizas.

Eres puro, transparente y limpio como un río;

salvaje, arrollador.

Eres como un halo de luz cegadora,

tan blanca y brillante como tu sonrisa,

que ya no soy capaz de olvidar.

Solo veo en ti ese niño ilusionado y vivo,

con plena capacidad para amar.

Ese niño que juega con la vida y la verdad.

Pureza II

Tus ojos también sonríen.

Sonríen con más luz

que cualquier Astro Rey

en plena destrucción.

Su luz se derrama líquida

con pasmosa belleza

sobre todo aquello que toca.

Tu sonrisa es como una caricia

que mima mi corazón

cargado de amargura.

Y me despiertas,

me traes de nuevo al mundo del arte,

de los sueños, la belleza,

la ilusión, la cordura delirante.

De la inocencia pura del niño

que aún juega con el mundo.

Tu sencillez juguetona

se me clava en el alma

y me corta el aire.

De nuevo un abrazo.

Ya había olvidado

el indescriptible placer

de un verdadero abrazo,

una unión sincera y recíproca

entre dos almas.

Gracias

por volver a hacerme

llorar de felicidad.

Porque la belleza,

en su estado más puro,

es tan hermosa

que duele.

Pureza III

Desde el principio,

tuve la intuición

de que habría algo especial,

de que se me abría

todo un mundo de posibilidades,

que conocería tanto

como deseara conocer,

que aparecerías tú.

La sorpresa, sin embargo,

fue descubrir la naturaleza de tu esencia.

Apenas han bastado un par de sonrisas

para darme cuenta de la intimidad

que esconde tu mirada,

tus abrazos, tus palabras.

Como dos gotas de agua,

como dos almas

que se corresponden por completo,

nacidas ambas en puntos de la historia

tan cercanos, pero tan distantes...

Contigo, sin saber por qué,

siento toda la ternura,

la alegría, la tristeza, la melancolía,

el deseo, el romanticismo, la pasión,

el juego divertido de lo prohibido

y la calidez etérea de la naturalidad.

Estar contigo

es como jugar a un juego

donde nadie pierde nunca.

Eres bondad pura,

gracia sutil y humana.

Eres único.

Anhelo

Te transformas,

como fuego indomable y furioso,

llama ardiente y poderosa

que arrasa todo a su paso.

Abrasadora lascivia,

que salvaje domina

mi desesperado deseo...

Efímera muerte.

Cinco Sentidos

Esa mirada,

esa mirada tan tuya y tan intensa.

Increíble, indescriptible, animal.

Esa mirada tan salvaje

que me devoraba sin medida.

Esa mirada abrasadora que subyuga,

que seduce, que hipnotiza.

Esos ojos de fuego

que dicen más que mil palabras.

Tus palabras, tan sinceras,

cristalinas como siempre.

Sabiduría y compasión

que se entremezclan y se funden.

Y sin palabras, sin ideas me has dejado a mí,

tan solo ensoñaciones entre fantasía y realidad.

Abrazarte... está empezando a convertirse

en una droga peligrosamente adictiva.

Sentirte cerca, no lo suficiente,

sentir el cálido tacto de tu ser.

Me reconfortas como nadie antes lo había logrado.

El roce leve de mis labios en tu piel me robaba el

aliento.

Y tu aroma... tu aroma suave y cálido,

sutil, encantador,

terciopelo que llenaba mis pulmones.

Podría reconocerte en la distancia.

Incluso ahora, que ya estás lejos,

aún aspiro tu esencia que me devuelve tu recuerdo.

Mas me falta aún el mejor de los sentidos.

El más prohibido, el más ansiado.

Ese compartir un todo y que no exista nada más.

Que todo lo demás desaparezca.

Por Soñarte

Todo me recuerda a ti, estás en todas partes.

En cada espejo, en cada libro, en cada canción,

en cada papel en blanco, en cada suspiro,

en cada lamento, en cada mirada.

No dejo de pensar en ti, en qué harás, qué pensarás,

en la calidez de tus brazos,

en la dicha que encierra tu sonrisa.

No puedo dejar de verte a la luz tenue de una lámpara

que esconda el miedo de mis ojos.

Tu camisa roja, esa que tanto me gusta, subiendo

despacio por mi cintura hasta sentir tu tacto.

La caricia de

tu aliento en mis labios...

Y despierto, sabiendo que por soñarte...

no estás.

Luz

Cuando el sol acaricie suave mi piel,

quiero sentirme tuya.

Cuando el tiempo se detenga en el instante

en que la luz dorada se posa en la ventana,

quiero sentirme tuya y que nos llene con su magia,

con su calma, y nunca cese ese momento.

Que las noches y los amaneceres

sean eternos a tu lado.

Que nada pueda dañarnos

mientras el hechizo del amor siga en pie.

Cuando el cálido sol me despierte una vez más,

necesito que estés a mi lado para protegerme.

Que me des la paz que no hallo,

y por fin olvidar quién soy.

Porque con la noche vuelven los miedos,

vuelve el dolor, vuelvo a ser yo.

Y ruego porque el sol no se esconda nunca más,

y que con un beso, mi amor,

me jures que aún se puede volver a empezar.

Encuentros Fortuitos

Como una lanza me atraviesas al verte

y la realidad se evade con la facilidad

del aire entre mis dedos.

El mundo se desvanece

y sólo existe ese deseo de tenerte

y ese silencio quedo entre tú y yo.

Y de pronto, tú también desapareces

aunque sé que nunca has existido,

clavando tus espinas de mil rosas,

y con un adiós... el olvido.

Ave Fénix

Nuestros sueños son aves

que vuelan hacia el horizonte infinito.

Aves Fénix, que en el fuego hallan

la salvación de una vida que acaba,

y de sus cenizas resurgen

con la fuerza de un nuevo amanecer.

Extienden sus ígneas alas

y estigmatizan el cielo con el nuevo mañana.

Nuestros miedos son aves córvidas

que nos brindan su estremecedor graznido,

como réquiem que nos acompaña toda la vida

en esa certeza de que todo termina al final del camino.

Pero en las cálidas montañas místicas,

o en los fríos bosques invernales,

volamos libres y acariciamos el viento,

allí donde la falsa humanidad

no pueda alcanzarnos.

Still Standing

(Sigo aquí)

Avanzar es retroceder

a un pasado etéreo,

a los columpios

y el calor del sol

sobre las manos

manchadas de pintura.

Avanzar es disfrutar de cada instante,

sin temer perder tu vida

en un hastío eterno

donde el tiempo es tu enemigo.

Caminar hacia delante

es no tenerle miedo al folio en blanco,

ni a los errores, ni al olvido,

ni al fracaso.

Es surcar un cielo de oportunidades

y de sueños por cumplir.

Caminar hacia delante

es alcanzar ese equilibrio y esa paz,

grácil,

como la luz que se posa en el cristal.

Y el equilibrio...

El equilibrio es contemplar

el futuro como un viaje

y no como un fin.

Quizá el equilibrio

aún esté borroso para mí,

pues no he sabido disfrutarlo.

Pero aún puedo intentarlo,

pues al fin y al cabo...

... sigo aquí.

Desvelos

No puedo evitar pensar

que tal vez te quiera

aunque intente negarlo.

Me alejo de ti por un instante,

pero siempre vuelvo a tus brazos.

¿Te quiero, o te deseo?

Intento darte espacio,

pero no puedo.

Tengo sed de conocerte.

Tengo sed de compartirte mis desvelos

y de que tú también cuentes conmigo.

Sólo quiero abrazarte

y dormirme en tu pecho.

Una sonrisa, una mirada,

un tácito "te quiero".

Seducción

Fría aguja que va recorriendo mi cuerpo,

erizando mi piel con el suspiro lastimero

que se escapa entre mi boca.

Tus ávidas manos

beben inmisericordes y salvajes

de estas suaves curvas

que gritan desesperadas por tenerte.

Tus colmillos no tienen piedad

y buscan con impetuosa avaricia mis labios,

compartiendo el elixir de tu boca,

su dulce néctar que me da la vida,

y amenazan seductores mi cuello,

su cálido palpitar constante

de pasiones ocultas,

su necesidad imperiosa

de sentir tu cálido jadeo

.

Pronto la fiebre de tu ser

comienza a avivar

la llama de mi lujuria,

obligándonos inconscientemente

a deshacernos de esos atavíos

que entorpecen en estos instantes

nuestro deseo más profundo.

Cada vez más cerca,

me aferras en un íntimo abrazo,

sintiendo tu alma volar

y fundirse con la mía,

quebrando mis barreras

y surcando con húmeda

y resbaladiza facilidad

mis rincones más insondables.

Necesidad

Cuán doloroso

puede llegar a ser a veces el deseo,

cuán delicado, cuán lascivo.

Sentir el cálido tacto

de tu piel rozar la mía,

perder la razón

con la cercanía de tu cuerpo.

Susurrar en sueños tu nombre

y que no aparezcas.

Mirarte a los ojos

con expresión de niña dulce,

cuando por dentro te suplico

que me salves de este tedio.

Ven a mí y abrázame.

Necesito sentir el calor de tu ternura.

Rodea con tus brazos mi cintura

y protégeme de todo mal.

Juntos construiremos

un refugio para el miedo.

Ven, arrópame,

quiero sentir que estás cerca,

para poder sentirme a mí misma,

sentir tu aliento en mi cuello

y asirte con todas mis fuerzas.

Te amo.

Te amo con toda mi alma,

pero sé que no eres mío.

A ti, mi Ser

He aquí, pluma en mano,

sin palabra ni aliento.

No tengo palabras

para expresar cuánto te quiero,

ni tengo aliento con el que respirar

cuando tú me faltes, amor.

Eres tú, mi sol, mi vida, mi todo,

el que me hace sentir el calor de la vida.

Tú, el que me condena a mis delirios,

soñando con el día en que rompamos

las cadenas que sujetan nuestras alas.

Tú, el que me hace morir

en los pequeños instantes

en los que me pierdo en tus ojos.

A ti, mi Ser, te quiero decir

que soy nada sin ti.

A ti, que me haces despertar cada día

y morir cada noche: te quiero.

Esta Noche

Esta noche,

mi mente me ha pedido a gritos

una pausa.

Me ha pedido que me detenga,

que cese el caos

por un instante

.

Esta noche,

bajo las estrellas,

mi mente me ha pedido su inocencia,

me ha pedido que me calle.

Esta noche te he escuchado,

entre la niebla ,

pronunciar mi nombre

y he visto temblar tus ojos

contrastando la negrura

de la noche.

Sueño Nocturno

Y es que se me hace un nudo en la garganta

cada vez que oigo tus palabras,

que se me clavan en el alma

como un cuchillo que me desgarra poco a poco.

Como un felino silencioso

que me observa desde las sombras

de mi habitación.

Tu lujuria hambrienta me corrompe.

Tus fríos labios se posan

en mi ardiente cuello,

y siento el éxtasis indescriptible

de tus colmillos

atravesando mi piel.

Perezco entre tus brazos.

Quiero morir en tu pecho.

Pero entonces tú, Oscuro Dios,

me das a beber el elixir

de la eternidad.

Me condenas,

como estás tú condenado,

a vivir la muerte

sin descanso ni fin.

A vivir eternamente

bajo la pálida luz de la luna.

A sufrir tu amor eternamente.

Cisnes

Cruel destino,

cuyo yugo atraviesa

mis entrañas.

Es la distancia

el fuego que aviva

mis pesadillas.

Frío resplandor curvilíneo

que pende del alma

hasta el cielo.

Ardientes lágrimas,

como ardientes besos,

que de pronto se desprenden

para dejar paso la una a la otra.

Luna refleja en un mar infinito

de dulce pena líquida,

donde los cisnes olvidados

vuelan lejanos al viento.

Lord Estepario

¿Por qué vuelves a mí

con olvidado terror

para rasgar mi alma de nuevo,

como si mi dolor

te diese fuerzas

para seguir existiendo?

Olvídame ya,

lárgate de mi lecho.

Deja de asfixiarme,

de arder en mi pecho,

que mi corazón arderá contigo,

junto a mi amor

—tu tormento.

Olvídame

para dejar que te olvide,

que tu presencia aún me duele

cuando respiro.

Y es que te veo

aunque no mire,

y aunque muera mil veces…

es por ti que yo vivo.

Lascivia

Eres lascivia líquida

derramándose en mis sueños.

Deseo desbocado

por sentir el clímax de tu cuerpo.

Ternura cálida tras la Petite Mort.

Una ensoñación imposible

de locuras y pasión.

Átame

Me volvía loca,

era capaz de provocarme placer con su mera presencia,

retorcerme en tortuoso silencio imaginando mil

fantasías.

Me recorría el cuerpo un escalofrío

cuando aproximaba su pecho a mi espalda;

Cuando su boca se acercaba peligrosamente a mi cuello;

Cuando sus caderas y su sexo se apretaban contra mis

nalgas;

Y sus manos... ¡Oh, sus manos!

Suave seda en contraste con las ásperas cuerdas.

Su plácido tacto recorría leve mi cuerpo

aflojando la soga que me mantenía prisionera.

Maniatada e impedida,

me recreaba con fruición

en el roce prescindible, aunque excitante,

de su inocente juego calculado.

Sólo nosotros éramos cómplices

de la intimidad de sus caricias,

del mordisco hostil

del cordel sobre mi cuerpo.

Sólo nosotros intuíamos

el manantial que comenzaba a derramarse,

como lo hizo aquella vez,

entre mis piernas.

Nada como tú

Nada hay como tu mano

envolviendo mi cintura

y tu calor junto a mi espalda.

Nada hay como sentirme

protegida entre tus brazos

y saber que estás aquí.

Nada como mirar tus ojos

y sentirme en paz y en calma.

Nada como despertar por la mañana

y sentirte junto a mí.

THANATOS

Caos

Leve, como la pluma

que cae silenciosa al viento.

Leve como el crujir de una hoja

abandonada de su cuna.

Leve como el lamento

de los ángeles marmóreos

en los cementerios.

Leve como el resplandor

de la luna sobre tu cuerpo.

Leve como la lluvia al caer

sobre los árboles del camino.

Leve como el susurro

que me incita a verte.

Caos, caos en el aire ausente.

Caos en los bosques y en la nieve.

Caos entre los ángeles marmóreos,

que huyen de sí mismos

con sus alas rotas por el tiempo.

Caos en la luna y en su luz

sobre tu cuerpo.

Caos en la lluvia que arrecia

los árboles del camino.

Caos en tu voz

y en el susurro que me incita a verte.

Caos en mi alma.

Caos en mi mente.

Son ceniza

Y son ceniza por dentro.

Viento perenne que al fin

se llevará sus almas.

Son ceniza, como el llanto amargo y seco

que ennegrece sus rostros.

Ceniza, como el manto oscuro

que cubre el cielo.

Ácido

Ácido veneno que atraviesa mi piel,

disuélveme contigo,

que este mundo es demasiado cruel

para ser su testigo.

Araña mis entrañas y llévate mi alma,

hazlo callar,

que mi mente se desgarra

para poder soñar.

Ahora son mis manos las que empuñan mi voz.

Siente mi castigo.

Por mucho que supliques no hallarás perdón,

no encontrarás camino.

Cuando todo se nuble y solo sientas terror,

no culpes al destino.

tú misma te llevaste tu vida y su calor,

tú misma te has vencido.

Destierro

Tu mundo ha quedado en ruinas

por una avaricia enfermiza que consumía mi alma

cada día a pesar de tu ignorancia.

Todo se acaba.

Y contigo, el dolor, pues ya no siento nada.

La agonía ha colapsado mis sentidos hasta el punto de

no ser capaz de sentir nada.

Frío, hielo, piedra, muerte.

Ya no existe nada más que un vacío insondable

de mentiras y desprecio.

Locura, silencio.

Ángel guardián eras de mis sueños,

portando espada ígnea y fiera

que guardaba las puertas de la destrucción,

mas como Lucifer, perdiste el cielo.

Siembra tu semilla en tierras yermas,

clava tu espada en un reino sin sino.

Ya no queda nada más.

Este es tu destierro.

Autorretrato

La eterna alma errante,

la que vaga por las calles

de la desesperanza

y la amargura.

La que no tiene a nadie,

la que huye del dolor

y las espinas

de un amante.

La que persigue causas perdidas

a cada instante de su vida.

La maldita, la desolada.

La que todo empieza y nada acaba.

La perdida, la niña triste

que sobre su rostro derrama las lágrimas

de una vida devastada.

La que finge sonrisas

tras la máscara abrasada.

La que ya no tiene fuerzas,

y su humanidad... robada.

A Corazón Abierto

Duele comprobar cómo a veces la realidad

se separa en caminos tan distintos.

Cómo puede el destino jugar

a ser Dios y dejarte sin aliento.

Escuece la herida que se abre

con cada llamarada de sus ojos,

con cada caricia de su voz

de terciopelo lascivo.

Escuece como sal a corazón abierto.

Y es que su boca es poesía, alma y fuego.

Son sus labios como escarcha del rocío,

que se deshiela al despuntar

los primeros rayos del sol

en los albores del día.

Escuece como sal a corazón abierto.

Y es que sus manos son pecado y son tormento.

Es un océano de vicio y sed,

un infierno personal

que me ha sido arrebatado

antes incluso de tenerlo.

Hastío

Las calles están vivas y, sin embargo,

yo me siento muerta, desterrada,

arrancada de los brazos

de la urbe a la que pertenezco.

No son tierras,

sino abismos los que habito.

No son muros, sino nichos,

que me entierran viva en el hastío.

Dagas

Dagas, ardientes dagas como agujas,

que se clavan irrefrenables y agónicas

en mi pecho desnudo.

Dagas como besos, ajenos y robados,

que estigmatizan el alma

con sus mil "te quieros".

Dagas como puñaladas

a la confianza mostrada, a la sinceridad

y al nudismo de un corazón abandonado.

Ya no puedo mirarte con los mismos ojos,

pues ya no existe esa luz que iluminaba,

ese brillo que me diste.

Ya no hay esperanza,

ni anhelo, ni respeto.

Tan sólo esa presión en mi pecho.

Tan sólo hay dagas.

Decepción, y dagas.

Búsqueda

Sigo buscando a aquel que bese

las cicatrices de mi juventud perdida,

a aquel que lama la sangre

de mi futuro incierto.

Sigo esperando a escondidas

a la sombra que arrope mi sueño,

a la mano firme que transforme

el miedo en ceniza.

Ilusión Marchita

Le infliges fuerza a mis latidos

y su eco me recorre por dentro,

como un mar de nostalgia y sueño

que nunca podrá ser alcanzado.

Lejano, como el viento

que sopla árido contra mi rostro,

te tornas frío y desolado

en un vaivén entre amargura y esperanza.

No sé cómo desprenderme

del efímero recuerdo de tu tacto contra el mío,

ni de tus ojos tristes

que suplican un abrazo.

No sé no luchar por lo que amo,

ni tampoco rendirme

ante causas perdidas.

Eres una ilusión marchita

que se ensombrece con el paso del tiempo.

Una espléndida rosa

que se desgarra con sus propias espinas.

Intermitente

Desapareces,

como la llama que se sofoca

con el gélido cierzo.

Desapareces y la ilusión

se desvanece contigo

como si nada más existiera.

Te anhelo como al sol

que calienta las mañanas

que me despierto sin ti,

como al firmamento estrellado

que ilumine mis noches solitarias.

No huyas, no pienso hacerte daño,

no hay maldad en este corazón

que suplica por tenerte.

No huyas, déjame amarte,

pues una sola caricia de tus labios

bastaría para vencerme.

Huyes, mas luego vuelves,

como si danzaras caprichoso

con los sentimientos ajenos

en un tira y afloja sin finalidad concreta.

Sal de entre el caos

que has provocado en mi mente

o entra en mí para quedarte.

Desaparece de una vez

de este corazón que torturas,

o abrázame y no me sueltes.

Te anhelo, mas no puedo buscar

un fantasma eternamente.

Te quiero, pero no puedo seguir

a un corazón intermitente.

Fantasmas

Siempre elijo causas perdidas

para auto justificar así mis propias derrotas.

Para poner una excusa y un bonito lazo a mi fracaso

y paliar así tal vez la realidad.

Apenas ya queda ilusión, y la que resta

sólo alimenta a los fantasmas que persigo.

Busco sombras que no existen

sólo para seguir en este mundo.

En blanco y negro

Siempre duele decir adiós,

aunque ayuda saber

que a veces es mejor caminar solo

que hacer daño a quien te importa.

A veces es mejor

salir corriendo y no mirar atrás,

antes de que sea tarde

y no puedas marchar.

Desvanecerse

en el tiempo y el recuerdo

es la mejor opción

para aquel que conoce bien el dolor.

Ahora sueño en blanco y negro,

sin ti, sin calor.

Insomnio

Hoy he contemplado la luz inundando

lenta y seductoramente mi habitación

atestada de deseos.

El cielo iba tornando cristalino

a la par que el sueño se decidía finalmente

a abandonarme por completo.

Me retuerzo entre las sábanas

en busca del tan anhelado descanso

y no lo encuentro.

¿Qué será de mí

cuando el cansancio me derrote?

Ya falta poco

para hundirme en el infierno.

Punto muerto

Vivo. Aún vivo, no me marcho.

Y no abandono el camino,

aunque me sienta tentada o herida.

Siempre vuelvo,

porque conozco el miedo y el llanto.

Sólo nosotros podemos cambiar el destino.

Siempre vuelvo, como vuelve un mal hábito,

y su sombra puntiaguda y liviana

se esconde en las entrañas,

y me quema por dentro,

me araña, me ahoga, me mata.

Pero siendo mi más fiel compañía,

nunca me abandona

y he aprendido a quererla.

He aprendido a sentirla,

y a protegerme en su oscura enfermedad.

He aprendido a sonreír cuando me observa,

paciente y orgullosa, desde algún rincón.

Temo su compañía, pero su ausencia

es un vacío insoportable.

Y sé que es asesina a sangre fría,

mas también la única

que intentó llegar a mí.

Ser consciente del terror

asusta mucho más...

Y vivo. Aún vivo, aunque no sé cómo.

Quizá algún día me consuma por completo.

Y vuelvo, siempre vuelvo...

al punto muerto, sin fin...

sin salida.

Alambre de espino

La realidad se desdibuja a mi alrededor

en un torbellino de desesperación y llanto.

El dolor es una soga que aprieta mi estómago,

porque ya no sé distinguir una dolencia de la otra,

como si mi corazón estuviera ya tan herido

que sólo mi piel pudiera coleccionar más cicatrices.

Empuja mi aliento a sacudidas como náuseas,

y me retuerzo pensando en las pequeñas cosas

que nunca ocurrirán.

Mis lágrimas cantan un Réquiem

por el amor que traicionó la confianza,

por ese escudo que, en lugar de protegerme,

hundió su filo en mi costado.

Me siento perdida, desorientada,

ya no sé en qué dirección seguir mi camino,

si es que queda algún camino por seguir.

Sólo un delgado alambre de espino

por el que hacer equilibrio sin caer al vacío.

Días grises

Hoy hace frío, aunque el verano siga su curso.

Hoy hace frío, y junto a las viejas melodías,

vuelvo a sentirme en casa. Como siempre.

Como nunca.

Esa sensación de volver a tu lugar,

aunque realmente no sepas dónde es.

De poder contemplar el horizonte infinito

de la serenidad.

Aunque ya no quede paz.

De seguir siendo tú mismo

aunque todo haya cambiado.

Aunque tú hayas cambiado.

Hoy, es uno de esos días

en que los recuerdos resbalan húmedos

por las mejillas del alma.

Húmedos, como el cielo que los cubre.

Hoy también es uno de esos días tristes,

en los que no puedo seguir tejiendo versos,

porque la musa se fugó con la esperanza

y con mis sueños.

Infinito

Ya no quedan lágrimas, ni palabras, ni suspiros.

Ya no quedan sueños ni futuro.

Ya no queda esperanza para un mañana sombrío.

No queda nada.

No tiene sentido preguntar qué tal te va

como dos desconocidos,

pues tampoco queda nada

que contar entre tú y yo.

Vive y vuela lejos de aquí,

recupera el tiempo perdido.

Te pediría que al menos te acuerdes de mí,

pero también le he perdido el miedo al olvido.

Ya no queda nada, tan solo vacío.

Y el vacío, amor mío...

el vacío es infinito.

Aliento

Hoy he vuelto a llorar

con tu recuerdo quebrado,

con tu doloroso y omnipresente recordar,

empañado por una mentira neblinosa

que ya no me deja respirar.

La vida pierde su sentido

cuando el cristal último

de la esperanza, frágil,

se rompe.

No queda nada,

mas que las heridas que dejan

al apretar con rabia

sus pedazos.

Su reflejo brillante

aún seduce tu anhelo,

mas sus bordes afilados

desgarran tu carne,

pues no hay ya escudo que valga.

Y terrible, aliento,

me abandonas entonces,

cuando la llama en mi pecho

es tan fuerte que abrasa.

Quémate conmigo,

únete a mi plácido sueño,

donde miedo y odio

no existan.

Quizá en aquel lugar

podamos tocarnos

sin dolernos.

Musas

Y volvió la musa, como el suave soplo del cierzo que

mece mis cabellos con su gélida caricia.

Volvió, y llenó de nuevo con su glacial tacto mis

pulmones, robándome el aliento, impidiéndome respirar.

Volvió para vaciar mi alma de todo su calor, como lo hace

la muerte cuando la despoja de un cuerpo.

Así he quedado ahora, un simple cascarón vacío y

muerto.

Ruge

Ruge, cristal, al desintegrarte impiadoso contra el duro e

imponente mármol.

Ruge, tú que puedes morir en el estallido febril, como

un orgasmo al expandirte en mil pedazos.

Ruge, tú que puedes reflejar el hastío de una vida, tú

que puedes reflejar los colores de una muerte.

Sí, tú, ruge, tú que eres capaz de perforar con una

caricia delirante la superficie nívea

de una muñeca hecha de trapo...

.

Simple cuero que cubre un corazón maniatado.

Tú que tintado escarlata me llevas al cielo, que me

sumerges por fin en un sueño eterno.

Tú, pequeño cristal reflectante, dame paz.

Húndeme en las aguas de la tragedia. Sálvame de ellas.

Hazme soñar dejando de hacerlo.

Dame la dulce caricia que la vida me había robado.

Dame la cálida muerte que siempre he anhelado.

Ángel caído

El dulce lamento del ángel caído

son las alas rotas que su señor le envía.

A su espalda, dos huecos vacíos

lloran sangre,

como dos puñales

clavados en el alma.

Printed in Great Britain
by Amazon